AF487608

9 7 9 8 6 0 5 5 3 0 6 1 9